HERDERBÜCHEREI

BAND 1024

Über das Buch

Langsam versinken die Bilder, die der Kriegsgeneration bis in den Schlaf nachgingen: Heimkehrer ohne Hoffnung, Flüchtlingsfrauen, denen die Angst noch ins Gesicht geschrieben war, hungernde Kinder, Heimatlose, unter den Eisenbahnbrücken schlafend, Familien in einem Viehwagen zusammengepfercht. Der Friede scheint vielen langweilig geworden zu sein. Wer hat die Trümmerberge noch gesehen, wer die zerstörten Menschenschicksale noch erlebt? Tisa von der Schulenburg, die Schwester des 1944 hingerichteten Widerstandskämpfers Fritz von der Schulenburg, als Fürsorgerin hautnah mit dem Elend des Kriegsendes konfrontiert, hat zwischen 1945 und 1947 mit dem Zeichenstift Bilanz gezogen, die Bilanz eines Krieges. Zu dieser jetzt wiederentdeckten zeichnerischen Dokumentation hat Heinrich Böll ein bewegendes Plädoyer geschrieben für die Umkehr, die wir damals versprochen, aber bis heute nicht eingelöst haben. Was ist aus uns geworden? Eine bohrende Frage, auf die jeder eine Antwort finden muß.

Über die Autorin

Elisabeth Gräfin von der Schulenburg wurde 1903 in Mecklenburg geboren. Sie lebt nach langen Jahren künstlerischer Arbeit und journalistischer Tätigkeit als Ordensfrau, Schwester Paula, bei den Ursulinen in Dorsten, Westfalen.

TISA
VON DER SCHULENBURG

WAS IST AUS UNS GEWORDEN?

SKIZZEN UND NOTIZEN VOM KRIEGSENDE

VORWORT
HEINRICH BÖLL

HERDERBÜCHEREI

Originalausgabe
erstmals veröffentlicht als Herder-Taschenbuch

Buchumschlag: Werner Bleyer

Herder Freiburg · Basel · Wien
Herstellung: Freiburger Graphische Betriebe 1983
ISBN 3-451-08024-9

DIE DEN GREUEL DER VERWÜSTUNG
ÜBERLEBTEN, SCHLUGEN AN IHRE BRUST,
WIDERSAGTEN FÜR ALLE ZUKUNFT
DER ÜBERHEBUNG UND GEWALTTAT,
BEKANNTEN SICH ZU EINEM
ARMEN UND BUSSFERTIGEN LEBEN
UND ERFLEHTEN FÜR SICH,
IHR VOLK UND DIE MENSCHHEIT
DIE GNADE DER UMKEHR UND
DES FRIEDENS.

H. SPAEMANN

Text einer Brunnenplatte in Dorsten

WAS IST AUS UNS GEWORDEN?

Ein Vorwort von Heinrich Böll

Diese Zeichnungen, knapp, treffend, sind nicht im Atelier entstanden, *unterwegs* im Nachkriegschaos hat die Autorin *festgehalten*, was ihr durch Kopf und Herz in die Hand fuhr, mit dem Tuschpinsel aus der Hand aufs Papier, Zufallspapier, wie es ihr gerade zufiel oder gar zuwehte, Reste, Packpapier, Tüten; es war das der Zeit angemessene Material. Papier war knapp, es war armes Papier in einer armen Zeit, und was auf diesem Zufallspapier, unterwegs in einem alten Wehrmachtsfunkanhänger, festgehalten wurde, hat sich als überraschend dauerhaft erwiesen. Ich nehme an, daß die Autorin nicht an Kunst dachte, nicht an Ausstellungen, oder gar an Kunstmarkt: Sie sah, zeichnete, hielt fest. Was sie sah, wie sie zeichnete, ist ohne jede Beimischung von Nostalgie, voll Erinnerung und in seiner Flüchtigkeit dauerhafter als manches Dokument aus dieser Zeit. Flüchtigkeit, das betrifft nicht den Ausdruck, der hier sichtbar wird, er ist treffend, und, weil ohne Ambition, nirgendwo verwischt, eben nicht impressiv oder gar impressionistisch, ist völlig undekorativ, hart ohne Härte den gezeichneten Personen gegenüber; eine harte Zeit wird sichtbar an den

Menschen, die ihr ausgeliefert waren. Wenig Beiwerk: eine Schüssel, eine Bank, ein Eßgeschirr, ein Sack über der Schulter. Meine literarischen Assoziationen sind: Borchert und Schnurre, die die Dauerhaftigkeit des Flüchtigen ebenso präzis ausgedrückt haben. Was Zeichnungen dieser Art vom photographischen Schnappschuß unterscheidet: nicht nur, daß eine Kameraoptik noch lange nicht das Auge einer Zeichnerin ist, die den *Blick* hat und die Fähigkeit, was sie sieht, mit Tusche aufs Papier zu bringen; es fehlen die chemischen Zufälle, denen Photomaterial ausgeliefert ist, mit denen man manipulieren, retuschieren kann; es fehlt auch die Ablenkung durch dekoratives Beiwerk. Eben nur: Schüssel, Bank, Sack. Mich hat überrascht, wie *nah* diese Zeichnungen sind, wieviel Erinnerung, wie wenig Nostalgie sie in Bewegung setzen.

Kunsthistoriker werden sich fragen, woher die Autorin kommt: Barlach, Kollwitz, Moore? Das mag interessant sein, wichtig ist es nicht: hier ist die *Zeit* getroffen, deutsche Nachkriegszeit, und es fragt sich, ob Barlach oder die Kollwitz sie so hätten treffen können. Die Frage, die die Autorin stellt: »Was ist aus uns geworden?«, stellt sich jedem, der aus dieser Zeit in unsere Gegenwart überlebt hat. Was ist aus dem Jungen geworden, der da, die Blechbüchse in der Hand, offenbar auf die Suppenausgabe wartet; was aus dem Mädchen – eine überirdisch »realistische« unvergeßliche Zeichnung –, das mit der Schüssel in den Händen, von der Essenausgabe zurückkommt? Ich hoffe, sie leben beide, werden satt, haben ein Dach über dem Kopf und eine Decke, sich zuzudecken. Was ist aus *uns* geworden? Die Frage könnte variiert werden: Was haben wir aus uns gemacht, oder: Was haben wir aus uns machen lassen? Ist die Erinnerung an den Hunger, das Elend der Flucht, der Gefangenschaft, der Bombennächte, die Gewißheit, daß Auschwitz wirklich war – nur noch als Stolz auf die »Aufbauleistung«, nur noch als Bramarbasieren überlieferbar? Wenn wir der Jugend vorwerfen, sie sei verwöhnt, vergessen wir, wie sehr wir *uns* verwöhnt haben, und daß wir die Jugend möglicherweise verwöhnt haben, auf daß sie mit uns die Erinnerung an den Schrecken und die Schuld vergesse.

Diese Zeichnungen sollten ganz gewiß nicht auch noch dazu dienen, der Jugend Vorwürfe zu machen, die wir uns selber machen müssen. Wir haben »aufgebaut«, unaufhaltsam, keinen Augenblick der Besinnung eingelegt in diesem Vormarsch, und nun, wo der Vormarsch gestoppt zu werden scheint, sind wir ratlos und blicken voller Vorwurf auf die Jugend, die atem- und ahnungslos diesen Vormarsch begleitet hat; die wir dem Markt überlassen haben, wo Musik und Motoren, Freiheit und Freiheiten sie ablenkten von der unfrohen Besinnungslosigkeit unseres Vormarsches. Sprache ist zum bloßen Gerede geworden, das »Gespräch mit der Jugend« funktionalisiert, ein Ritual, bei dem wir uns ständig an die Heldenbrust schlagen. Eins sollten die Zeichnungen ganz gewiß nicht sein: ein Vorwurf für die Jugend: »Seht, was wir gelitten haben«, sie sind eine Erinnerung und ein Vorwurf für uns, die wir dort *festgehalten* sind: Was ist aus uns geworden? Was haben wir aus uns werden lassen, aus uns gemacht? Ein weiterer Gedanke kommt mir: Erinnern uns diese Zeichnungen nicht an das Elend in Weltgegenden, die wir herablassend die »Dritte Welt« nennen? Waren wir, die wir uns stolz zur »ersten Welt« zählen, einmal so elend wie heute die »dritte«? Flüchtlinge, Hungernde, Obdachlose? Gibt es da in unserer stolzen ersten Welt Menschen, die wir herablassend oder verächtlich Randgruppen nennen, die in der ersten Welt die dritte verkörpern? Diese Zeichnungen sind keine Illustrationen zu einem Märchen, *wir* sind gezeichnet ohne Beiwerk: auf einer Bank, auf einen Koffer gestützt, mit der Eßschüssel in der Hand, dem Sack auf der Schulter.

HEINRICH BÖLL

Flüchtling Schwerin i. M 1945

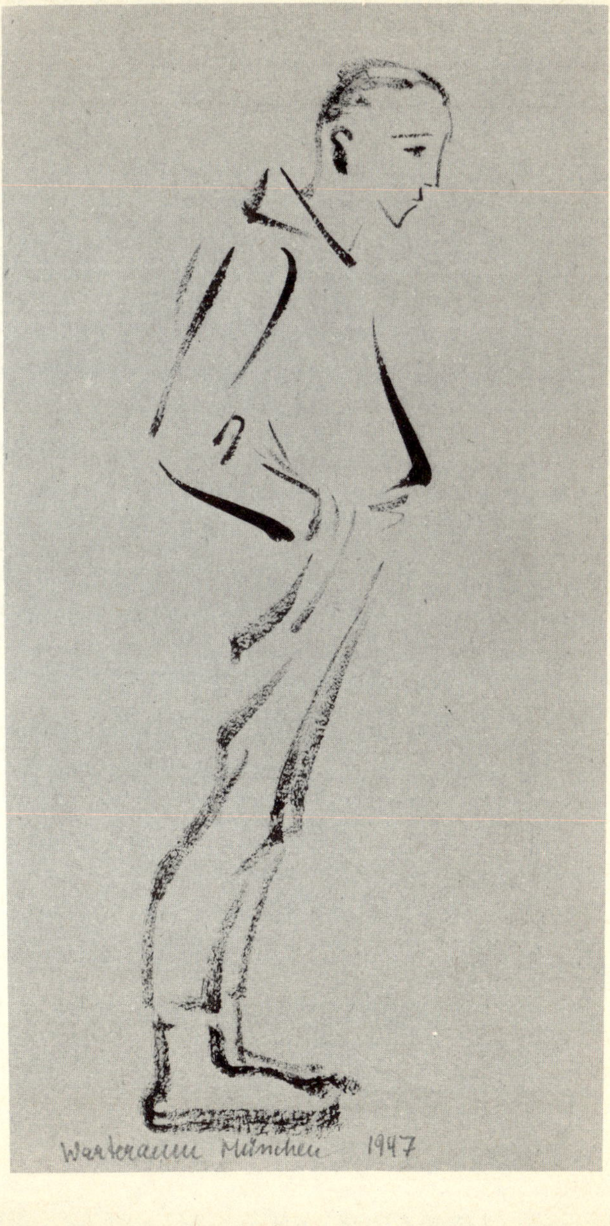
Warteraum München 1947

Flüchtling Lübeck 1945

Vorm Bunker
1945 Lübeck

Heimkehrer 1945 Lübeck

Heimkehrer 1945
Lübeck

Kind aus der Ostzone
1946

Flüchtlingsfrau
Bahnhof Lübeck

1946

Heimkehren 1945
Lübeck
Tisa

Lübeck 1945

Flüchtlingsfrau 1946
Lübeck.

1946

Bunker Lübeck
1945

Kind. Essensausgabe Bunker Lübeck
1945

Flüchtlingsfrau 1946

Kind Hamburg
Elektrische 1946

Flüchtling Schwerin i. M 1945

Essensausgabe
Bunker
Lübeck
1945

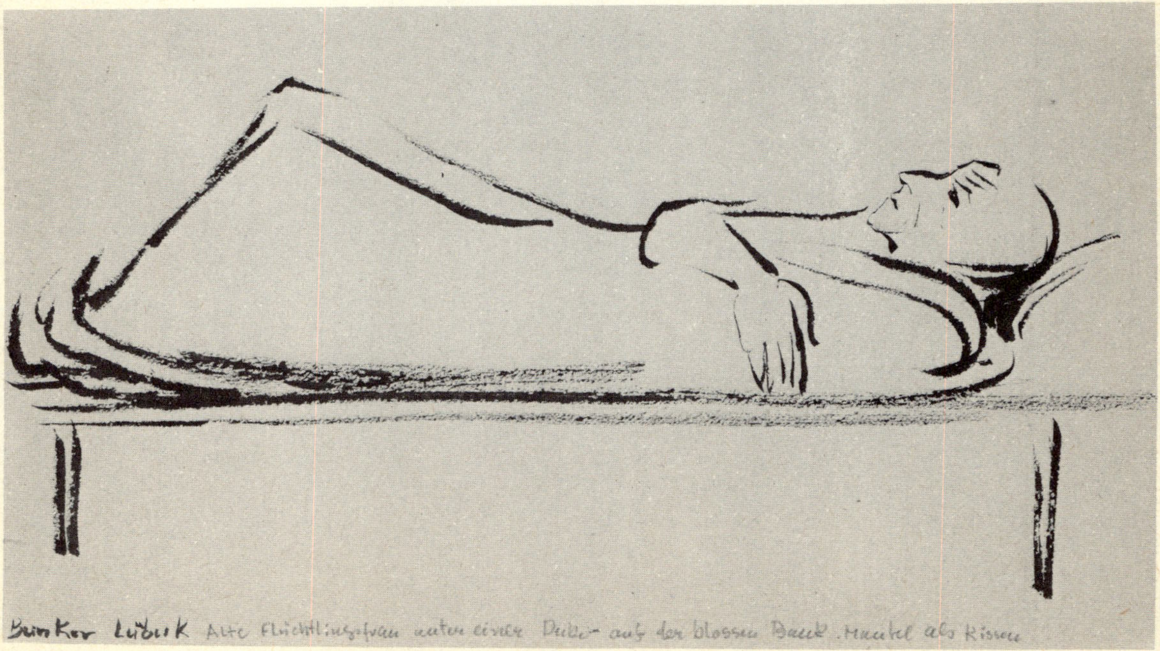
Bunker Lübeck Alte Flüchtlingsfrau unter einer Decke – auf der blossen Bank. Mantel als Kissen

1945 Lübeck

Bahnhof
Flüchtlingsfrau 1946
Lübeck

Hannover
Bahnhofsunterführung
1947
Im Schlamm und Dreck

Hamburg München 1947

Frau erzählt ihr Schicksal
Lübeck 1945

Hannover Bahnhofunterführung 1947

Kind in Bad Kleinen (Ostzone) frierend auf dem Bahnhof

v. d. Hamsterfahrt
Hamburg 1947

Hannover Bahnhof-unterführung 1947

BEFREIUNG

Der 5. Mai 1945. In Schwerin verhandelten die Amerikaner mit den Russen. Wie würden wir die Amerikaner begrüßen? Würden einige noch auf den Wahnsinnsgedanken kommen und kämpfen? Wir Frauen ersehnten das Ende des Krieges. Es sollte keine Toten mehr geben. Handtücher, Bettlaken, was es auch sei, wollten wir heraushängen, sowie die Amerikaner kämen. Vom Türmchen des Gutshauses wehte ein weißes Bettlaken. Da stürzte jemand aus dem Dorf atemlos zu mir. Die weißen Fahnen! Die Polizei. Schüsse. Auf dem Hissen der weißen Fahne stand Todesstrafe.

Ich lief aus dem Haus, auf die Dorfstraße zu. In dem Augenblick kamen sie angefahren, um den Rasen herum, in sechs Jeeps, die Amerikaner! Schon standen sie auf der Freitreppe. Der Krieg war aus. Ich drängte mich vor. Verhandlungen, wer wo kampieren müßte. Die Amerikaner begnügten sich mit dem Wirtschaftsgebäude, als sie hörten, daß 120 Frauen und Kinder im Haus lebten. Sie hätten uns alle auf die Straße setzen können. Sie taten es nicht. Ich durfte in meinem Zimmer bleiben. Die Flüchtlinge sollten in den zwei oberen Etagen zusammenrücken, so daß im Parterre noch für einige amerikanische Offiziere Platz war. Alle Waffen abgeben. Die Jagdgewehre türmten sich auf einem Bett. »Wo ist der Alkohol?«, forschten die Amerikaner. »Wie kommt es, daß in einem so großen Haus der Keller leer ist?« Ja, wie kam es? »Wie kommt es, daß Sie besser Englisch sprechen als ich«, sagte ein Amerikaner ein wenig empört zu mir.

Die Truppe hatte die Straße sozusagen leer gefegt. Alle Flüchtlinge, alle Trecks wurden auf die nächsten Höfe gewiesen.

So kamen am nächsten Tag fünfhundert Flüchtlinge in das Dorf und auf den Hof. Wie sollte man sie verpflegen? Es gab keinen Strom, der Müller konnte nicht mahlen. Die Windmühlenflügel, mit denen er sich sonst aushelfen konnte, waren kaputt. Der Bäcker konnte nicht backen, der Schlachter nicht schlachten. Die Molkerei lag still. Die Amerikaner halfen mir zu improvisieren. Sie fuhren mich im Jeep nach Schwerin, wo wir in einem verlassenen Lager so viele Generatoren »organisierten«, daß Molkerei, Bäcker, Schlachter, Müller wieder arbeiten konnten. Aber, wie sollte für alle gekocht werden? In der Waschküche standen zwei große Waschkessel. Dort kochten wir Suppe. Woraus – das ist mir nicht erinnerlich. Gemüse gab es noch nicht. Wir werden wohl noch Grütze gehabt haben und ein paar Kartoffeln und Wruken.

Die Menschen hatten keine Schüsseln, keine Teller, keine Löffel. Sie hielten seltsame Behälter zum Ausfüllen der Suppe hin: ein Bidet, Blau-Meißner Porzellan. Einer stand vor mir mit seinem Filzhut. Ich sah ihn an. »Immer nur rin«, sagte er, »der hält dicht.« Zerfranste Blechdosen. Einige standen mit leeren Händen vor mir, sie mußten warten, bis andere fertig gegessen hatten. Im ganzen Dorf war kein Löffel mehr aufzutreiben. Die Russen hatten am andern Ufer des Schweriner Sees Halt gemacht. Sie kamen zu Streifzügen herüber. Die Männer auf dem Hof hielten sich in den ersten Tagen in ihren Häusern verborgen. Würde ihnen etwas geschehen? Das Gerücht kam auf, die russischen Gefangenen würden sich an denen rächen, die sie geplagt hatten. Nichts geschah. Auf den Nachbargütern waren alle Besitzer geflohen. Die Polen waren aus ihren Lagern befreit, sie zogen herum und plünderten. Zu uns kamen sie nicht. Warum? fragte ich André, unseren französischen Obmann. Er wies auf das große V-Zeichen hin, das er an unsere Haustür gemalt hatte, damit alle wußten, daß wir zu den Gegnern des Regimes gehört hatten.

Der ersten amerikanischen Einheit folgte eine andere, ich mußte ausziehen. Ein großer Teil der Flüchtlinge, Frauen und Kinder, Kranke und Alte, durften in der obersten Etage des Hauses bleiben. Die deutschen Soldaten kamen in ein Gefangenenlager. Wo war überhaupt noch Platz? Das Dorf, der Park, die große Feldscheune, alles glich einem Heerlager. Ich zog in eine Box im Pferdestall. Dort gab es fließend Wasser und viele Schwalben.

Die Box war schön blau-weiß gekachelt, das Gitter wurde mit Teppichen verhängt, einige Möbel hineingestellt. In der ersten Nacht hatte ich das Kutschpferd noch im Stall behalten, die Halskette schepperte die ganze Nacht am Rand des Futtertroges. Das Pferd mußte umziehen. Vor dem Stall war eine große Linde. Dort stand mittags mein Tisch. Dort saß ich auch eines Tages zum Staunen aller mit zwei entlassenen KZ-Gefangenen in ihren Sträflingsanzügen. An dem Tag war ich mit dem Einspänner nach Schwerin gefahren. Die beiden hatten sich auf die Straße gestellt und mich angehalten. In dieser Welt voll von Flüchtlingen und abgerissenen Gestalten hatte ich wahrscheinlich herausfordernd wohlhabend ausgesehen. Das Erstaunen der beiden KZler war groß gewesen, als ich sie mit großer Freude begrüßt hatte und sie gebeten hatte, mit mir zu kommen und bei uns zu wohnen.

Sie kamen mit, der eine zog bald weiter, Vinzenz Kamitz blieb. Er war ein Tscheche, aus dem Sudetengau gebürtig. In der Tschechoslowakei hatte er gesessen, weil er ein Deutscher war. Die Deutschen hatten ihn eingesperrt, weil er ihnen nicht genehm war. Im Konzentrationslager Oranienburg. Seine Angaben konnte ich nachprüfen, ein ganzes Kinderheim aus Oranienburg hatte ich in der Nähe einquartiert. Die Leiterin kannte Vinzenz, die Strafgefangenen hatten manchmal für das Kinderheim gearbeitet. Ich erfuhr wenig über das Leben im KZ. Keiner war damals fähig, über das Leben dort zu sprechen. Kamitz sprach Russisch. Er sollte später dem Dorf einen großen Dienst erweisen.

Wo nun die einzelnen Menschen unterkamen, ist mir entfallen. Es war inzwischen Juni geworden. Warmes Sommersonnenwetter. Im Pferdestall wollte ich nicht bleiben. Die Schwalben weckten mich in der Frühe.

»Ich brauche einen ‚caravan'«, sagte ich den Amerikanern. Sie fuhren mich in einem Jeep in ein leeres deutsches Gefangenenlager. Sie rieten mir zu einem kleinen Wehrmachtsfunkanhänger. Den holten wir mit dem Trecker zusammen mit zehn Zelten und zwei Wohnwagen. Der Stellmacher baute mir in den Wagen eine schmale Pritsche ein und machte mir Fliegendrahteinsätze für die Fenster. Wenn ich gewußt hätte, daß ich drei Jahre in diesem Wagen leben würde, hätte ich für einen doppelten Boden gesorgt.

Ich zog in ein Zelt, das ich mir im Park am See aufschlagen ließ, der Wohnwagen wurde daneben gestellt, in dem konnte ich nachts schlafen.

Das ganze Zelt duftete nach einem großen Rosenstrauß, der auf dem Tisch stand. Noch ein Blumenstrauß stand in einer Blau-Meißner Waschkanne. Delphinium in den schönsten Farben. Päonien neuester Sorte. Der letzte große Blumenstrauß in meinem Leben! Ich habe ihn im gebrochenen Sonnenlicht des Zeltes immer wieder angesehen und bewundert. Ein völlig unwirkliches Leben. Hektische Tage mit Sorgen und Fragen und Aufgaben für den Betrieb. »Sorgen Sie dafür, daß die Felder bestellt werden«, hatte mir ein amerikanischer Offizier gesagt, »die Not wird groß werden.« Die Tage waren wie irr, Verhandlungen, Verhandlungen; ohnmächtiger Versuch, das Chaos zu bewältigen. Tragödien: ein Amerikaner hatte aus Versehen bei einem Bootsausflug einem jungen Mädchen die Kehle durchschossen. Komödien: ein Amerikaner wollte den Milchwagen vom Vorwerk nicht passieren lassen. Ein Ochse zog ihn. Er stammelte immerzu: »Eine Kuh, eine Kuh, das geht doch nicht.«

Ein Frühsommer von unvergleichlicher Schönheit. Keiner brauchte zu frieren. Traumhaft schöne Abende und Nächte am See. Die untergehende Sonne spiegelte sich im Wasser, das Abendrot glühte in der stillen Schwärze des Wassers nach, der Ruf des Haubentauchers, das »plop« der Fische, die nach Fliegen schnappten, erklang in der Nacht. In aller Frühe badete ich im See, um fünf Uhr kochte ich mir über drei Ziegelsteinen meinen Frühstückskaffee.

Diese Seenächte sollten für immer in mich einsinken.

Den Amerikanern folgten die Engländer. Zwei betrunkene amerikanische Offizier hatten mich eines Tages angehalten und mir gesagt: »Fliehen Sie, dieses Gebiet wird den Russen übergeben.« Nun war wieder das Gerücht aufgetaucht, die Russen würden den Bezirk übernehmen. Die Engländer stritten alles ab. Ein polnischer Offizier stand eines Tages vor mir, eine rote und eine weiße Rose in der Hand. Verbeugung, Handkuß. »Nehmen Sie die Rosen«, sagte er, »als Dank für das, was Sie für die Polen und für alle Gefangenen getan haben. Aber fliehen Sie! Die Russen werden hierherkommen.«

Ich war der Meinung, daß die russischen Übergriffe doch nur Kriegshandlungen gewesen waren. Er beschwor mich, zu fliehen. Das Gebiet würde den Russen übergeben werden. So wollte ich fort. Wenigstens für die ersten Tage der Übergabe. Kamitz, der KZler, übernahm es, als Dolmetscher zu vermitteln, wenn die Russen kommen würden. Unter den Flüchtlingen große Unruhe. Sollten sie fliehen? Sollten sie bleiben? Von allen Seiten wurde ich bedrängt. Was war mit den Möbeln? Würde ich ihnen etwas vermachen? Vielleicht einen Schrank?

Wir saßen in einer Falle. Die Engländer gaben keine Passierscheine. Das Geld auf der Bank wurde gesperrt. Einige flüchteten, die Engländer griffen sie an der Elbe auf und steckten sie in ein Lager. Wie würde ich einen Passierschein erhalten? Ein Freund war zum Bürgermeister von Wismar ernannt worden. Ich fuhr nach Wismar, er bestätigte mir: unsere Ecke würde an die Russen abgetreten werden – im Tausch gegen ein Gebiet in Thüringen. Er verschaffte mir einen Passierschein.

Meine Plastiken ließ ich im Haus stehen. Ich würde ja wiederkommen. Sie sollten für mich sprechen. – So dachte ich. Eine verbarg ich unter einem Taxusbusch, eine schwamm im See. Rhododendron, Jasmin, Rosen blühten in verschwenderischer Fülle. Das war der Abschied von Mecklenburg.

Am Morgen des 30. Juni 1945 passierte ich den Schlagbaum bei Lübeck in meinem Wohnwagen und fuhr nach Travemünde zu Verwandten. Am Abend kamen die Russen.

Wie mir Kamitz später erzählte, hatte sich alles ohne Schrecken abgespielt. Die Frauen waren in den Wohnungen geblieben, keiner war etwas geschehen. Die Russen hatten sich über das Flüchtlingsgepäck hermachen wollen, er hatte sie verteidigt, es wären alles arme Flüchtlinge. Keine Waffen? Hatte der Russe gefragt. Keine Waffen – hatte er geantwortet. Die Russen hatten darauf zur Stichprobe einen Koffer geöffnet – was enthielt er?!! Die Säbelsammlung eines alten adligen Herren! Ein ganzer Koffer voll mit alten Säbeln! Nachdem Kamitz seinen Schrecken gemeistert hatte, der Russe sein Erstaunen, hatten er ihn doch davon überzeugen können, daß dies eine Narretei war, aber kein Hochverrat. Da das Haus und das Gut so gut in Stand gehalten waren, wurde es zum Parteigut erwählt, zum Erholungsgut für die drei Parteien, CDU, SPD, KPD, später für die SED.

Es kamen auch Menschen ohne Passierschein durch. Durch Büsche und Wälder, durch das Korn, bei Nacht und Nebel robbten sie, krochen sie, hasteten sie durch, schwammen durch die Elbe. Und mit jedem, der kam, rundete sich das Bild ab: der Schnitt war endgültig! Für alle! Nicht nur für die Gutsbesitzer, für die das Gesetz der Republikflucht erlassen worden war, so daß jeder Besitzer, der zurückkehrte, verhaftet werden konnte. Und ich hatte mit größter Sorgfalt den Betrieb arbeitsfähig – gewissermaßen bezugsfertig – hinterlassen. Hatte den Trecker noch aus Travemünde zurückgeschickt, vom Traum einer Rückkehr befangen. Es gab keine Rückkehr! Es stellt sich heraus, daß ich alles falsch gemacht hatte! Das Geld ruhte in Schwerin auf der Bank.

Lag es daran, daß mir jeder Besitz so gleichgültig geworden war? Der Tod gab die Toten nicht heraus! Was war ein Gut, was war Geld, was waren Möbel im Vergleich zu einem Menschen?! So ging es wohl vielen Frauen. Sie beweinten die Toten, nicht den Besitz. Hatte ich nicht jahrzehntelang das »Lassenwollen« geübt? Heimat und Besitz sind nicht identisch. Man verläßt die Heimat nicht so leicht, wie man aus einer Straßenbahn aussteigt. Lübeck war für mich zu nah an Mecklenburg. Travemünde zu nah. Alles war mir zu nah. »Zu Straßburg auf der Schanz ... ins Vaterland möchte ich hinüberschwimmen«, die Melodie verfolgte mich.

LÜBECK NACH DEM KRIEG

Ich nahm den Posten als Sekretärin beim Offizier für Industrie in der englischen Militärverwaltung in Lübeck an. Beschwerden, Anträge, Anzeigen.

Dieser Mann hatte jenem 1933 den Betrieb weggenommen, wer besaß ihn zu Recht? Der hatte jenen angezeigt, dieser den geschädigt. Besichtigungen hier und da. Gespenstisch verwüstete Krupphallen mit Riesenpressen, wie ein Bild mit verbogenem abstraktem Gestänge. Durch eine Halle ging die Grenze zum russischen Gebiet.

Die Keramikwerke, Villeroy und Boch, die Dornierwerke, die sich vom Flugzeugbau schon auf kleine Aluminiumherde und auf Kochtöpfe umgestellt hatten, Schwartauer Marmelade, Niederegger Marzipan ... konnten sie wieder anlaufen? Was fehlte? Was sollte verboten werden? Was erlaubt? Was war vordringlich? Fett für Marzipan? War Marzipan ein Luxus oder ein Exportartikel?

Der Offizier für Industrie fühlte sich seiner Aufgabe nicht gewachsen. Vorsichtig wartete er ab, wer was entscheiden würde. Ich dachte von ihm: Du wärst sofort in die Partei eingetreten. Diese so ersehnten Befreier waren wirklich in keiner Weise Helden! Das mußte ich jetzt einsehen.

Sie aber spielten sich zu Richtern auf. Darum ärgerten mich die Fragebogen. Wie sollten sie dadurch den Menschen und seine Einstellung erfassen? Was sagte es aus, wenn ich hinschrieb »Mitglied der Frauenschaft«? Hier sei es gestanden: in dem einen füllte ich aus: JA! In einem anderen, ein paar Jahre später, schrieb ich NEIN!

Die Straßen von Lübeck waren voll von Heimkehrern und Flüchtlingen. Ich stand mit meinem kleinen Zeichenblock auf der Straße und zeichnete. Wie sah es in dem großen Bunker aus, in dem Hunderte von Flüchtlingen lebten? Ich ging mehrmals hin. Feuchte Kälte. Roher Zement. Jeder Raum zum Flur hin offen. Es gab keine Türen.

Ich sprach eine Familie an: Ob ich mich mit ihnen unterhalten dürfe. Sie erzählten ihr Schicksal. Der Mann war zum Schluß noch gefallen. Die Frau hatte ein Kind auf der Flucht in Ostpreußen verloren. Sie schlief mit ihren drei Kindern auf ein wenig Stroh auf dem Zementfußboden. Die alte Mutter lag auf einer harten schmalen Bank, sie hatte keine Decke. Sie klagte, daß alle Knochen schmerzten. Sie war ein Bild des Elends.

Auf dem Fußboden saß ein kleines Mädchen, das mit seinem hellen Lockenkopf in all diesem Grau ganz unwirklich aussah. Hingegeben zeichnete es eifrig und schnitt aus dem Papier, das ich aus dem Büro mitgebracht hatte, Sterne aus.

Quer durch den kahlen Raum war eine Leine gespannt, über die Anziehsachen hingen; ein paar Kartons, ein Koffer, der ganze Besitz. Andere Frauen kamen herein und erzählten von sich. Von der Flucht, von der eisigen Kälte und den langen Märschen. Von der Not auf der Ostsee, von Bombenangriffen.

Draußen vor dem Bunker wurde in kleinen Schüsseln Wäsche gewaschen. Eine Frau hockte vor einem offenen Feuer und kochte. Zur Essenausgabe standen Frauen und Kinder in langen Reihen mit Töpfen und Schüsseln an. Und überall dazwischen die unverkennbare Haltung der Heimkehrer, Soldaten, zerlumpt, geschunden, geschoren, mit diesem suchenden und fragenden Ausdruck im Gesicht, als ob sie nicht wüßten, wohin. Wozu? Sechs Jahre Krieg. Wozu?

Koffer und Kartons standen auf der Straße herum. Kinder hielten dabei Wache. Manche lagen friedlich wie kleine dicke Putten auf dem Gepäck und schliefen. Auch Erwachsene lagen am Straßenrand, hockten und kauerten auf den Ruinen, eine Zeitung unter sich. Dazu der scharfe Geruch der verbrannten Balken, sie rochen immer noch! Der große Bombenangriff war 1942 erfolgt. Grüppchen von Schwarzmarkthändlern, bei denen es oft nur um ein paar Abschnitte der Lebensmittelkarten oder um ein paar Zigaretten ging. Die Bahnhöfe und Wartesäle alle überfüllt. Eine Frau kniete lange Zeit auf dem Bahnsteig, kein Gepäck bei sich, sie war in einen alten abgetragenen Mantel gehüllt. Eine andere wieder, eine alte Bäuerin, im Kopftuch, mit groben Schuhen, saß und hütete Säcke. Eine Hand unter dem Kinn, die andere wie hilflos daruntergeklammert. Hände, die nichts mehr halten konnten. Das war das Bild Deutschlands in den Tagen und Monaten und Jahren. Menschliches Strandgut. Die Menschen lagen herum, sehr ähnlich wie die Leichen, die in Travemünde an Land gespült wurden.

ARBEIT IN GLINDE

Im Dezember 1945 zog ich von Travemünde fort. Man hatte mir einen Posten als Wohlfahrtspflegerin in einem großen englischen Militärdepot in Glinde bei Hamburg angeboten. Wo würde ich wohnen? Ein ausgebautes Bauernhaus an einer sandigen Dorfstraße. In der Küche standen zwei junge Mädchen im Räuberzivil jener Jahre. Hohe Fliegerstiefel mit Filzschäften, Hosen, pelzgefütterte Fliegerwesten mit dem rohen schmutzigen Leder nach außen, Lockenköpfe. Kleine Kinder krabbelten herum.

»Wohnt hier eine Frau Coste?« meine Frage.

»Das bin ich«, sagte eins der Mädchen. Sie fragte nach meinem Anliegen.

Wohlfahrtspflegerin bei den Engländern. Platz für den Wohnwagen. Wäre es möglich? Wendula Coste sah mich an, von oben bis unten, von unten nach oben, grüner Hut, Trachtenmantel, derbe Schuhe, dann sagte sie sehr ruhig: »Ja, warum nicht ...« Das war alles. Ich war so erstaunt, daß ich nur herausbrachte: »Ja, aber Ihr Zaun?« Sie antwortete kurz, ich solle ihn umlegen lassen, um den Wagen in den Garten zu bekommen, und ihn wieder aufrichten lassen. Ob ich wohl auch die Toilette in ihrem Haus benutzen dürfte? ... Sie war fast ungeduldig über all meine Fragen, ein Kabel mußte gelegt werden ... für sie war das alles selbstverständlich. Für mich nicht.

Ich wußte, wie die Flüchtlinge um ein Quartier betteln mußten. Diese nüchterne Großzügigkeit war typisch für Wendula Coste.

Glinde war in den dreißiger Jahren ein verträumtes Bauerndorf gewesen, bis ein Kruppwerk dorthin verlagert worden war. Im Krieg war die Zahl der Einwohner auf ungefähr viertausend gestiegen. Nun waren es siebentausend. Im Depot in Glinde war ein Ersatzteillager der englischen Armee eingerichtet worden. Ein ausgedehnter Komplex mit vielen großen Hallen, in denen zweitausend deutsche Zivilisten arbeiteten, auch sie Strandgut aus allen Ländern und Parteien. Der ehemalige Staatsanwalt, der Konsul aus Australien arbeiteten mit Kaufleuten und Arbeitern zusammen, es handelte sich einfach um Überleben, um Verdienst und Brot. Die meisten der tausend weiblichen Angestellten waren junge Mädchen. Die Werkzeughallen waren zugig und kalt. Die Mädchen mußten Ersatzteile sortieren, einordnen, ausliefern.

So wie sie im Sommer aus der Mark oder aus Schlesien geflohen waren, so standen sie in ihren Sommerkleidern oder in einem alten Kittel, in Söckchen und Sandalen in den ungeheizten Hallen. Die Hände blau gefroren. So, ohne Wintermantel oder warme Jacke, kamen sie in Schnee und Eis zur Arbeit. Diese zweitausend Deutsche sollte ich betreuen. Der Engländer hatte mir Offiziersstatus versprochen, das heißt, ich war dem Major direkt unterstellt. Ich konnte ihm vorschlagen, was getan werden mußte.

Auffallend war bei allen Deutschen, die dort arbeiteten, die Apathie, das Desinteresse. So viele hatten alles verloren, und zwar mehr als Besitz und Beruf. Für sie war mit dem Ende des Krieges eine Welt zu Bruch gegangen. Das einzig Wichtige schien die Frage zu sein: Wie kann ich überleben? Wie etwas organisieren? Waren es alte Vorräte der deutschen Armee? Gehörte es auch zu den englischen Ersatzteilen? Es gab die begehrtesten Dinge im Lager: Nähnadeln, Nähgarn, Twist, Gummiband, Zwirn. Trotz scharfer Kontrollen am Tor hatten die Menschen geniale Einfälle, wie sie etwas hinausschmuggeln konnten. Sie bewickelten ihren Leib mit Gummiband, kurz und gut, sie nahmen, wo sie nur konnten, und die Klauerei war das Hauptgespräch jener Tage. Ich brauchte Rat und Hilfe für meine Arbeit, ich suchte mir die Männer zusammen, die noch andere Gedanken als den Schmuggel im Kopf hatten. Wir gründeten eine Art Betriebsrat.

Wo sollte ich anfangen?

Die Wohnverhältnisse waren bei allen gleich schlecht, ich war mit meinem Wohnwagen ein Krösus. Manche schliefen in Scheunen, in alten Baracken und Bunkern, sie schliefen beim Bauern auf Stroh, und sie waren froh, wenn sie Stroh hatten. Andere schliefen auf dem bloßen Fußboden. Ein Heimkehrer stand vor mir und klagte den Bauer an, der ihm kein Stroh gab. Mit seiner Frau und mit drei Kindern schlief er auf dem Zementboden auf einer Decke, alle fünf waren sie mit einem Militärmantel zugedeckt.

Weihnachten! Wir wollten Weihnachten feiern. Irgendwie in all dieser Demoralisation, in diesem Durcheinander, dieser Verbitterung – Weihnachten.

Ein paar Mädchen in Klotschen tanzten und jodelten auf einer Bühne, der General sprach ermunternd, die Engländer verstanden nicht, daß wir keine Lust zum Tanzen hatten, wir hatten keine Lust. Nicht zum Tanzen. Nicht zum Singen. Ein Gedicht von mir, daß es mitten in der Not und gerade in der Not Weihnachten sei, wurde vorgetragen, dann brach alles jäh ab, wie in Verzweiflung und Trauer. Die Soldaten hatten Hunderte von Kindern eingeladen und ihnen zu essen gegeben. »Denken Sie«, sagte mir ein Sergeant, »die Jungen bissen in die Apfelsinen und aßen sie mit der Schale, als ob sie Äpfel wären.« Sie kannten keine Apfelsinen.

Der Winter kam mit grimmiger Kälte; fünfzehn Grad, zwanzig Grad unter Null. Zwei Werksangehörige erfroren. Sie hatten in Baracken geschlafen und nichts zu heizen gehabt. Woher sollten wir warme Decken bekommen?

Ich fuhr zum Kreis nach Oldesloe. Mit viel Drängen und Bitten erlangte ich zweihundert Decken. Was waren zweihundert Decken für zweitausend Menschen? Zündstoff für Neid und Streit. Wie sollte man sie verteilen? Sorgfältig prüfte der Betriebsrat die Fälle. Schon standen empörte Männer vor mir: die Soundso habe sich einen Mantel aus ihrer Decke geschneidert. Wenn sie doch keinen Mantel besaß ...

Mittags gab es eine Suppe, die aus Hamburg geliefert wurde. Aus einer Großküche. Die Suppe war ein dünnes Gebräu, das meistens elendig schmeckte und schlecht roch. Nach einer Stunde war man wieder hungrig. Wir hatten ungefähr einhundert Menschen mit Hungerödemen. Große Männer wogen neunzig – einhundert Pfund.

Eine zusätzliche Speisung? Einer der englischen Offiziere war sehr großzügig. Er erlaubte, daß wir uns die Kantinenreste der Soldaten geben ließen, dies war offiziell streng verboten. Er erlaubte, daß wir die Schwerarbeiterkarten, die bei Arbeitsausfall vernichtet werden mußten, einbehielten. Er gestattete, daß wir herumstehende Wagen aus deutschen Beständen verschoben. So erschoben wir uns einen großen Herd, ein Ofenrohr, wir erschoben uns Kartoffeln und Milch für ein halbes Jahr, und wir kochten ein extra Mittagsmahl. Wer sollte daran teilnehmen? Der Werksarzt mußte die Fälle bestimmen. Je hundert konnten täglich versorgt werden. Im Laufe von drei Monaten hatten die abgemagerten Männer zehn – zwanzig Pfund zugenommen, sie waren über den Berg. Seit einer schönen Caravantour durch das englische Seengebiet hatte ich vom Leben im Wohnwagen geschwärmt. Nun wurde es ernst. Eins hatte ich nicht bedacht, als ich den Wagen in Trebbow für mich herrichten ließ. Die Kälte!! Ein doppelter Boden, das wäre das wichtigste gewesen. So kroch die Kälte von unten hoch. Die dicken Schneeplacken, die an den Klotschen hingen, blieben am Fußboden kleben – und da blieben sie, der Boden war wochenlang fest gefroren. Staubfegen – der Besen wäre auch noch festgeklebt. Wischen – das Wasser wurde schnell zu Eis. Wenn ich nachts von einer Fahrt nach Hamburg nach Hause kam, mußte ich erst einheizen, sonst konnte ich vor Kälte nicht einschlafen.

Pelzmantel und eine alte Pelzdecke waren meine Rettung. Die beiden eisigen ersten Nachkriegswinter gehen mir in der Erinnerung durcheinander. Es war ein Kampf gegen Dunkelheit und Kälte. Glinde erhielt den Strom von Hamburg, als landwirtschaftlicher Außenbezirk bekam es den Strom manchmal nachts von zwölf bis zwei. Wendula stand nachts auf und kochte das Essen für den nächsten Tag, sie stellte es in die Kochkiste, eine kleine feste Kiste, die mit Heu ausgestopft war. »Mach Licht«, bettelten Wendulas Kinder am Abend. Die Dunkelheit bedrückte sie. Sie waren ja noch klein. Roxana, Nana genannt, war acht, Wendelin, Fröhlich genannt, fünf und Michaela wird wohl drei gewesen sein. Beim Schein der Glut eines matten Torffeuers in einem kleinen Kanonenofen mußten die Kinder essen und sich ausziehen. Wendula saß meistens noch bei irgendeiner Funzel und nähte bis tief in die Nacht. »Wenn der Mensch allein ist, wie du«, sagte Wendula zu mir, »dann wird er egoistisch. Eine Mutter wird durch die Kinder davor bewahrt.« Sie hatte recht, stellte ich fest. Was ich auch versuchen oder anfangen mochte, ich drehte mich letztlich um mich selbst. Der Wagen stand im Garten unter einer kleinen Lärche, ungefähr zwanzig Meter vom Haus entfernt. Nachdem Wendula mit angesehen hatte, wie ich mir in Rauch und Dampf etwas kochte, hatte sie mich nach einigen Tagen eingeladen, mit ihr und den anderen Hausgenossen zusammen zu essen. Wir teilten unsere Vorräte. Ich hatte aus Mecklenburg noch Roggenmehl, Grütze und Kartoffeln, mehrere Säcke – dazu brachte ich Reste der Werksuppe abends mit. Wendulas Kinder hatten immer Hunger.

Bei der Aufnahmeprüfung für die Höhere Schule in Hamburg sollte Nana Coste ihr Lieblingsgericht beschreiben. Statt dessen beschrieb sie das abscheulichste Gericht, das sie gekannt hatte; Wendulas Spezialität, Grütze und Brennesseln, dazu ein paar harte schwarze Pferdebohnen, auch Saubohnen genannt. Wir wußten gar nicht, daß die Kinder dieses Gericht so gehaßt hatten.

Glinde liegt vierzehn Kilometer von dem Hamburger Außenbezirk Billstedt entfernt. Es verkehrte ein Bimmelbähnchen, doch wir gelangten zu Fuß, per Rad oder per Anhalter nach Billstedt, von wo aus es mit der Elektrischen weiterging. Die Elektrische fuhr kilometerweit durch Steinhaufen und Ruinen, durch eine öde Wüstenei der Zerstörung, eben durch die Stadt Hamburg. Aus manchen Kellern qualmte ein Rohr, dort wohnten Menschen.

1947 war für die meisten die schlimmste Daseinsnot überwunden. Ich hatte mir vorgenommen, nur ein Jahr im Depot zu arbeiten, um dann endlich freier Künstler sein zu können. Eisern hatte ich dafür die Pfennige gespart. Außerdem war ich durch die Zigaretten »reich«; denn ich war wieder mit vielen Freunden im Ausland in Kontakt. Hess und Ann kümmerten sich rührend um mich, monatlich schickten sie mir Kaffee, Tee, Zigaretten.

Martha Hirsch, meine geliebteste Freundin aus Berlin, die in der Schweiz wohnte, schickte regelmäßig Carepakete. Ich hatte mir vorgenommen, den Inhalt eines jeden Paketes strikt zu teilen, die Hälfte für Wendula, die Hälfte für mich. Ich war immer noch gut dran. Ich rauchte ja nicht, so hatte ich den begehrten Tauschartikel, Zigaretten in Hülle und Fülle. Außerdem bekam ich von den Engländern zum Entgelt für viele gezeichnete Tischkarten Tee und Zigaretten. Ich gab die Arbeit im Depot auf. Ich hatte Zeit zum Schreiben und Zeichnen. Ich hatte Zeit zum Nachdenken.

Der Wohnwagen – das war für mich der Punkt Null!!

Nicht der Tag der Flucht.

Eines Tages, als ich dabei war, die Tür des Wagens zu öffnen, wurde mir klar – alles war für mich grau in grau.

Die Blumen hatten für mich den Duft verloren, die Sonne den Schein. Ich war wie in einem Abgrund von Entsetzen und Scham. Alles war, wie es mir schien, ohne Sinn, ohne Trost. Das Leben war so entsetzlich wie diese kalten erbarmungslosen Winter. Erstorben, erstarrt. Schlimmer als der Tod. Von allen Menschen, die ich in Deutschland gekannte hatte, hatte ich mich zurückgezogen. Ich kam von der Vergangenheit nicht frei. Ja, noch saß in mir der Haß. Solange ich dem Haß verfallen war, war ich die Unterlegene. Ich wußte es. In der ersten Nacht in Glinde hatte ich einen bösen Traum gehabt. Eine Schlucht, ein weißes Haus, Männer. Ich bin angezeigt, sie haben mich gefunden, ich werde abgeführt und erschossen.

Der Traum war bedrückend gewesen.

Genauso wird deine Zeit in Glinde verlaufen, hatte ich mir gesagt. Das war natürlich dumm. Ich bildete mir ein, daß ich immer noch verfolgt würde.

Deutschland war für mich ein großer Friedhof. Wie sehr dieser Vergleich zutraf, sollte ich erfahren, als wir vom Depot aus in einen KZ-Film gehen mußten. Gottes Mühlen ... Da lagen die Toten übereinandergestapelt wie Haufen Brennholz. Der Film war in seiner Gespenstigkeit irreal gewesen.

Langsam erfuhr man die Namen der KZ-Lager, Namen, die man nie vorher gehört hatte, auch wenn man noch so sehr danach geforscht hatte. Ällmählich erfuhr man die Zahl der Getöteten, und langsam kamen die Nachrichten über alles, was sich dort zugetragen hatte, durch. Ich wehrte mich in Empörung und Haß. Ich wollte nichts damit zu tun haben. Damit. Mit diesem meinem Land. Deutschland. We are all in the same boat – alle im selben Boot. Ich wollte es nicht wahrhaben. Ich wollte raus. Ich wollte nach England zurück.

Ich ging in Hamburg in Wilders Stück: »By the skin of our teeth«. Übersetzt »Wir sind noch einmal davongekommen«. Haß und Streit von Anbeginn der Menschheit, von der Eiszeit an. Der Mann mit dem Kainszeichen, der durch die Geschichte geht. Bruderzwist, Brudermord. Ich konnte es nicht ertragen. Mitten in dem Stück mußte ich hinausgehen. Es würgte mir die Kehle ab. Zu bitter hatte ich den Bruderzwist erlebt. Und – ich wußte genau, ich war eben nicht davongekommen, solange ich den Haß nicht überwunden hatte. Solange ich noch haßte, war ich selber wie ein Tier. Nachts verfolgten mich wieder Träume: Ich werde gefesselt, wie ein Stück Brot in den Ofen geschoben und verbrannt. Ich werde gehetzt, gejagt, erschossen. Jedes Stück, das ich sah, wühlte alles wieder auf. In dem Stück »Der Leuchtturm« packte es mich wieder. Menschen sind auf einem Schiff, das untergegangen ist, sie sind tot und wissen es nicht. Sie tanzen und lachen und sind tot. Nur der Kapitän weiß, daß sie alle tot sind. Und während des Stückes, wie verrückt, schrieb ich in Gedanken an einem anderen Stück, das ich wie gezeichnet vor mir sah.

Der Schauplatz in der Zelle von Fritzi nach dem 20. Juli. Mehrere der Verhafteten treffen sich. Alle stehen noch unter dem Eindruck des »Warum?« Warum mußte das Attentat mißlingen? Sie unterhalten sich darüber, und jeder grübelt auf seine Weise – warum? Da tritt Stauffenberg zu ihnen, er ist schon tot, sie aber wissen es nicht. Sie wollen ihn in das Gespräch hineinziehen. Er wehrt ab. Wo er ist, gelten andere Normen. Gelingen oder Mißlingen des Attentates sind irrelevant. Wo er ist, handelt es sich nur noch um das »Große Lob«. Nur noch um GOTT.

Ich sah noch Wilders »In einer kleinen Stadt«. Es war so dargestellt: Die Toten sitzen auf Stühlen. Sie sprechen ab und zu miteinander. Die junge Frau will zu den Lebenden zurück. Für einen Tag wird es ihr erlaubt. Wieder die Vertauschung: Tote wie Lebende. Ich war wie in der Umklammerung einer Erkenntnis, während ich das Stück verfolgte.

Ich bin tot.

Hanke ist tot. Hanke, mein Feind, der Ortsgruppenleiter.

Wir sind beide irgendwie eingesetzt, sagen wir: Am Blasebalg des himmlischen Chores in der Ecke links. Uns ruft ein Engel.

Sollen wir eine andere Tätigkeit erhalten?

Wir gehen hin.

Eine Tür.

Ich will zuerst durch. Wie gut ich mich daran wiedererkenne. »Nein«, sagte der Engel, »Hanke zuerst.« Ich begehre auf. »Er ist ein Mörder!« – »Hier«, sagte der Engel, »gelten andere Gesetze. Er hat bereut und du noch nicht. Er ist schon auf einer höheren Stufe.« Verblüfft und beschämt bleibe ich zurück. Diese Szene mit voller Schärfe und Prägnanz eingeblendet in das Stück von Wilder, Tote für Lebende, Lebende für Tote!

Zu der Zeit war es leicht, ein Visum für die Zone zu erhalten. Ich fuhr mit dem Zug von Lübeck nach Schwerin. Der Zug fuhr durch Trebbower Gebiet. Durch diese Felder, wo ich jeden Baum, jeden Strauch, jeden Weg kannte. Das Abteil war wüst, mit rohen Brettern zusammengeflickt. Ohne Fensterscheiben. Die Fenster mit Brettern vernagelt. Eine kleine Luke, in der Größe einer halben Postkarte, gab den Blick nach draußen frei. Ich aber, wie ein Gefangener, das Auge an die Luke gedrückt. So starrte ich hinüber, dorthin, wo hinter den Bäumen für einen Augenblick das Dach vom Trebbower Haus auftauchte. Plötzlich überfiel es mich – ich war wie in einem Sarg. Das Grauen stieg in mir hoch. Das Entsetzen vor mir selbst.

Mir war, als stünde dort auf dem Bahndamm meine Jugend und winkte mir zu. Mir war, als sei ich, die Lebende, tot.

Als seien meine fünf Brüder, die ich als Tote beweinte, lebend und lebendiger als ich. Dann wieder: als stünden wir alle dort, wo wir als Kinder gespielt hatten, wir sechs Geschwister, lachend, lebend, froh.

Ich aber – die Lebende – war tot.

Mein Leben – es war dem Tod gleich.

Was sollte ich noch?

Zu nichts nutze.

Ausgebrannt. Verspielt. Vertan!

Was ich tat, mißriet mir unter den Händen.

Die Nacht mußte ich in Schwerin verbringen. Ich übernachtete bei Kamitz. Er hatte Trebbow verlassen und in Schwerin eine Stelle angenommen.

In seiner Wohnung stand einer der alten kleinen Empirestühle. Mein Erbstück von meiner Großmutter!

Ich konnte es kaum ertragen, dem Stuhl wieder zu begegnen. Der Stuhl sah mich an. Meine Jugend sah mich an. War ich so, wie ich zu werden gewollt hatte? Was tat ich? Wie lebte ich? Wer war ich?

Der Stuhl, ein kleiner zierlicher Stuhl mit gelblich grünem Samtpolster und vergoldeten Beschlägen auf dem rötlichen Holz. Und alles war wieder lebendig.

Die Stühle im »Kabinett« meiner Mutter. Wolfi, der sich als großer Junge im Jagdanzug auf dem kleinen Stuhl lachend rekelt. So ein Stuhl blieb über! Ein Stuhl starb nicht. In mir war alles Aufruhr und Empörung. Aber es war mir im Ruhrgebiet schon so gegangen. In Bochum. Die Ruine eines Hochhauses war abgerissen worden. Man hatte die Reste eines Menschen gefunden. Mantel. Notizbuch. Knochen. Der Schädel fehlte. Ich hatte es nicht ertragen können! Was eigentlich nicht? Daß Papier und Mantelstoff nicht verwest waren ... Was ist der Mensch? hatte es mir im Hirn gehämmert. Wer war ich?

Ich sah es ein! Was auf dem Werk arrangiert, organisiert und verteilt worden war, der ganze Einsatz, er zerrann zu nichts. Mir schien es sinnlos, weil es ohne Liebe gegeben worden war.

Nur aus der Sehnsucht nach Selbsthingabe. Alles war sinnlos, solange mein Leben ohne Sinn war. Ich träumte wie in einem Wahn, es müsse eine Gemeinschaft Gleichgesinnter geben, denen ich mich anschließen könnte. Eine Gemeinschaft all derer, die das Gute wollten. Immer noch der Traum des Edelkommunismus? Ich fand das Leben, das ringsum begann, sinnlos. Alles fand sich wieder in die alten Bahnen zurück. Selbstsucht, Gier, Sucht nach Macht, nach Geld – hatten dazu Millionen ihr Leben geopfert? Sollte so das »Danach« aussehen, von dem wir dreizehn Jahre geträumt hatten? Hatte uns nicht der Aufbau einer besseren Welt vorgeschwebt? War ich dazu als einzige von den Geschwistern übriggeblieben?

Ich selbst war ja nicht besser als die anderen. Mein Leben schien mir eher ein Tod als »Leben«. Ich war in der Sucht und Gier nach einem Sichausleben gefangen wie in einem Netz. Gefangen in meinen Leidenschaften. Die Leidenschaft war wie ein Drang zum Tode hin. Ich aber wollte leben. Ich griff zur Bibel wie ein Ertrinkender. In verzehrender Sehnsucht. In Sehnsucht nach Freude und Schmerz. Ich sehnte mich nach dem »Über-mich-hinausgehoben-Sein«, das mir früher die Psalmen geboten hatten.

Ich sehnte mich nach Gott!

Aber ich kam über den vierzigsten Psalm nicht hinweg.

»Wie der Hirsch schreit nach frischem Wasser, so schreiet meine Seele, Gott, zu Dir. Meine Seele dürstet nach Gott, dem lebendigen Gott ...«

Nein, ich konnte nicht beten.

Dies klingt zu pathetisch. Hatte ich denn im Krieg beten können? Das Vater unser hatte ich dahergestammelt, mehr nicht.

Aber damals hatte ich viel in der Schrift gelesen – nun wagte ich mich nicht daran. Ich konnte zu der Zeit nur stürzende, fallende, erliegende Menschen zeichnen. Menschen, die ihr Gesicht verbergen. Ich begann wieder zu schnitzen, klagende, weinende, traurige Frauen. Menschen wie im Sturz. Stürzende Menschen. Ich sah sie überall um mich herum, bei den Fahrten nach Hamburg, beim Warten auf den Bahnsteigen, in den Zügen, auf den Lastwagen. Dieses Bild wurde noch deutlicher bei den großen Fahrten durch Deutschland.

Ich ging im Frühjahr und Sommer 1947 auf Reisen. Hauptbahnhof in München. Der Bahnhofsbunker in Hannover. Der Hamburger Hauptbahnhof und Hamburg-Altona. Überall Strandgut. Im Wartesaal, auf dem Bahnsteig, in der Unterführung, überall lagen sie herum und schliefen in einer Haltung des totalen Abandon – der Verlassenheit, eines seltsamen Ausgelöschtseins. Der Schlaf der Verzweiflung, nicht der Ruhe.

Alles wogte noch hin und her. Hin nach dem Westen. Zurück nach dem Osten. Nach dem Norden und wieder nach dem Süden. Heimkehrer, die durch Deutschland irrten und ihre Familie suchten. Flüchtlinge auf der Suche nach Arbeit und Unterkunft. Elende Typen. Finstere Typen.

In immer neuen Wellen an das Ufer eines Strandes geworfen, der öde und fremd war. Bündel, Packen und Kisten das einzige Gut. Bei einigen nur ein Rucksack, eine Tasche. Die Züge überfüllt. Die Wartesäle überfüllt. Die Nächte, wenn kein Zug ging, im Wartesaal oder auf dem Bahnsteig kauernd, liegend verbracht. Der Bahnhofsbunker in Hannover glich einer wüsten Spelunke. Alles schien sich dort zu stauen, um dann weiter zu fließen, ruhelos, sinnlos, hoffnungslos. In Hannover lungerten viele Jugendliche im niedrigen, verräucherten Bunker herum, dem Wahnsinn des Krieges entronnen, im Irrsinn der Trennung Deutschlands hin- und hergespült, hierhin, dorthin. In Hannover lag an einem Regentag in der Unterführung im schwarzen Matsch ein Heimkehrer, in zerlumpten Hosen und wattierter gesteppter Jacke, mit dem geschorenen Kopf, Bild unserer Verlorenheit. Er schlief.

DIE DEN GREUEL DER VERWÜSTUNG ÜBERLEBTEN, GINGEN IN SICH ... UND GELOBTEN EIN ARMES BUSSFERTIGES LEBEN

Warum kämpfe ich jedes Mal mit Tränen, wenn ich diesen Text von Heinrich Spaemann auf einer Platte unseres Marktbrunnens in Dorsten entziffere?

Die Frage bedrängt mich: Was ist aus uns geworden? Wie haben wir gelebt? Ich hatte wohl damals, 1945, gedacht: Es ist ja gar nicht anders möglich, als daß wir uns bekehren. Uns besinnen. Wir, die wir in der Mitte des Lebens standen, waren wir nicht mitschuldig an jenen Greueln der Verwüstung? War nicht der Verlust der Habe, der Heimat, das Herausgerissen-Sein aus allem Gewohnten ein Anruf zur Besinnung? Besinnung auf das, was das Leben lebenswert macht: Liebe, Freundschaft, Kameradschaft, Hilfsbereitschaft? Wir suchten das Gut, das uns nicht genommen werden konnte. So wurde diese Entblößung bei manchen zur Befreiung, zu einer Wende ihres Lebens, zu einem Ruf aus der Tiefe nach Gott. Aber sie war auch eine Herausforderung. Wer wollte in Armut und Kälte, in Hunger und Elend verharren? Man wollte überleben. Alles wurde daran gesetzt, um wieder etwas zu haben.

Die Jüngeren, die Heimkehrer aus Krieg und Gefangenschaft, waren eine doppelt betrogene Generation. Um ihre Jugend, um ihre Ideale betrogen. Sie hatten mehr verloren als nur »irdische Güter«. Nun wollten sie einen Beruf ergreifen, eine Familie gründen, ihre Kinder aber vor dieser Not bewahren. Und wie stand es mit mir? Ich erinnere mich sehr genau an die Gier nach des Nachbars Grünkohlstrunk. An das Verlangen nach einem Tisch, einem Stuhl.

Wollte ich nach dem Klostereintritt nicht in Armut leben? Armut um Christi willen. Es blieb bei einer »Übung«. Wir sind eingebunden in den Lebensstandard unserer Umgebung.

Nun steht heute, fast dreißig Jahre danach, eine andere Jugend vor uns und sagt: Was habt ihr uns gegeben? Das Wohlleben schmeckt uns nicht. Der Reichtum langweilt uns. Was hat unser Leben für einen Sinn?

Haben und Sein.

Vergaßen wir über dem »Habenwollen« das Sein?

Und die Frage wird noch schwerwiegender, wenn wir Heinrich Spaemanns Wort von einem bußfertigen Leben bedenken. Nein, wir haben nicht »bußfertig« gelebt. Wir haben nicht hinsehen wollen auf die Vergangenheit auf jene »Greuel der Verwüstung« der Jahre 1933–1945. Augen und Ohren verschlossen wir. Wir wollten nichts davon wissen, wir schoben es vor uns her. Und nun fordert die Jugend von uns Rechenschaft. Unsere Blindheit ist ihnen unglaubwürdig. Sie fühlen sich mit dem belastet, was uns hätte belasten sollen. Auf unserem Volk liegt der Makel, der auch sie, die Unschuldigen, bedrückt.

Tisa von der Schulenburg

DES KAISERS WEIBLICHE KADETTEN

Schulzeit in Heiligengrabe – Zwischen Kaiserreich und Revolution

Band 1057, ca. 96 Seiten
(Erscheint im November 1983)

Sie zählte noch zu des »Kaisers weiblichen Kadetten«. 1917 trat Tisa von der Schulenburg in das Stift Heiligengrabe ein, in das berühmte Mädchenpensionat, das seit Generationen die Töchter des preußischen Adels aufzog. Die Leiterin des Stifts trug den Titel »Äbtissin« und wurde mit einem Hofknicks begrüßt. Die evangelischen Stiftsdamen setzten die Tradition eines alten Zisterzienserklosters fort. Doch die neue Zeit machte vor den Klostermauern nicht halt. Schon in den letzten Jahren des Ersten Weltkrieges hatte sich die strenge preußische Disziplin gelockert. 1918 erfaßte der Funke der Revolution auch die »Mädchen in Uniform«. Mit feuerroten Schleifen im Haar demonstrierten sie für die republikanischen Ideale. Urkomische Szenen hat die Autorin hier im Text und mit ihrer Rohrfeder festgehalten. Dazwischen findet man Bilder des epochalen Wandels von großer Eindringlichkeit.
In einem Nachwort gibt Dr. Sophie zu Dohna einen kurzen Rückblick auf die Bedeutung von Heiligengrabe.
Tisa von der Schulenburg wurde Bildhauerin, emigrierte 1933 mit ihrem jüdischen Mann, geriet im Zweiten Weltkrieg durch ihren Bruder, Fritz von der Schulenburg, in den Widerstand gegen Hitler, floh 1945 vom Gut Trebbow vor den Russen, trat 1950 bei den Dorstener Ursulinen ein – eine wahre Odyssee. Doch die Jahre im Stift »Heiligengrabe« sind ihr lebendig geblieben. Eine versunkene Welt wird vor den Augen des Lesers noch einmal lebendig. Der deutsche Schicksalsweg vom Kaiserreich zur Republik – gespiegelt im Leben einer Schülerin.